EMG3-0219 J-POP
合唱楽譜＜J-POP＞ CHORUS PIECE

合唱で歌いたい！J-POPコーラスピース

混声3部合唱

愛にできることはまだあるかい
(RADWIMPS)

作詞・作曲：野田洋次郎　合唱編曲：田中和音

●●● 曲目解説 ●●●

2019年7月に公開された、新海誠監督の映画「天気の子」の主題歌です。前作「君の名は。」に引き続き、今回も全編を通して音楽を手掛けたのはRADWIMPS。色彩豊かな映像と一体となって、作品に圧倒的な感動をもたらします。主題歌となるヴォーカル5曲の中でも、リードナンバーと言っても過言ではないこの楽曲は、作品の世界観に寄り添った壮大なメッセージソング。多くの人の心に響く一曲を歌ってみませんか。

合唱で歌いたい！J-POPコーラス

愛にできることはまだあるかい

作詞・作曲：野田洋次郎　　合唱編曲：田中和音

© 2019 by voque ting co.,ltd.

EMG3-0219

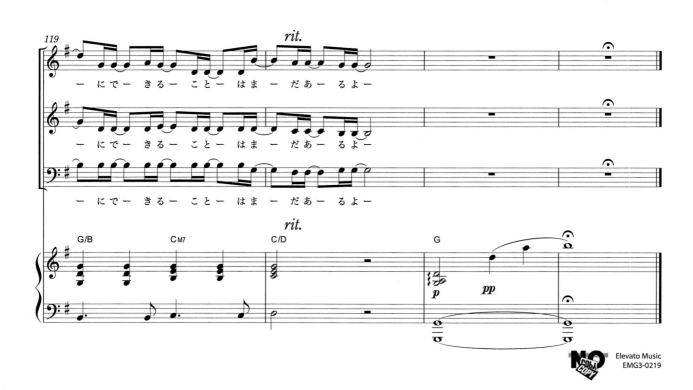

愛にできることはまだあるかい (RADWIMPS)

作詞：野田洋次郎

何も持たずに　生まれ堕ちた僕
永遠(とわ)の隙間で　のたうち回ってる

諦めた者と　賢い者だけが
勝者の時代に　どこで息を吸う

支配者も神も　どこか他人顔
だけど本当は　分かっているはず

勇気や希望や　絆とかの魔法
使い道もなく　オトナは眼を背ける

それでもあの日の　君が今もまだ
僕の全正義の　ど真ん中にいる

世界が背中を　向けてもまだなお
立ち向かう君が　今もここにいる

愛にできることはまだあるかい
僕にできることはまだあるかい

君がくれた勇気だから　君のために使いたいんだ
君と分け合った愛だから　君とじゃなきゃ意味がないんだ

愛にできることはまだあるかい
僕にできることは　まだあるかい

運命(さだめ)とはつまり　サイコロの出た目？
はたまた神の　いつもの気まぐれ

選び選ばれた　脱げられぬ鎧
もしくは遥かな　揺らぐことない意志

果たさぬ願いと　叶わぬ再会と
ほどけぬ誤解と　降り積もる増悪と

許し合う声と　握りしめ合う手を
この星は今日も　抱えて生きてる

愛にできることはまだあるかい？
僕にできることはまだあるかい

君がくれた勇気だから　君のために使いたいんだ
君と育てた愛だから　君とじゃなきゃ意味がないんだ

愛にできることはまだあるかい
僕にできることは　まだあるかい

何もない僕たちに　なぜ夢を見させたか
終わりある人生に　なぜ希望を持たせたか

なぜこの手をすり抜ける　ものばかり与えたか
それでもなおしがみつく　僕らは醜いかい
それとも、きれいかい

答えてよ

愛の歌も　歌われ尽くした　数多(あまた)の映画で　語られ尽くした
そんな荒野に　生まれ落ちた僕、君　それでも

愛にできることはまだあるよ
僕にできることはまだあるよ

エレヴァートミュージックエンターテイメントはウィンズスコアが
展開する「合唱楽譜・器楽系楽譜」を中心とした専門レーベルです。

ご注文について

エレヴァートミュージックエンターテイメントの商品は全国の楽器店、ならびに書店にてお求めになれますが、店頭でのご購入が困難な場合、当社WEBサイト・電話からのご注文で、直接ご購入が可能です。

◎当社WEBサイトでのご注文方法
elevato-music.com
上記のURLへアクセスし、オンラインショップにてご注文ください。

◎お電話でのご注文方法
TEL.0120-713-771
営業時間内に電話いただければ、電話にてご注文を承ります。

※この出版物の全部または一部を権利者に無断で複製(コピー)することは、著作権の侵害にあたり、著作権法により罰せられます。
※造本には十分注意しておりますが、万一、落丁・乱丁などの不良品がありましたらお取り替えいたします。
また、ご意見・ご感想もホームページより受け付けておりますので、お気軽にお問い合わせください。